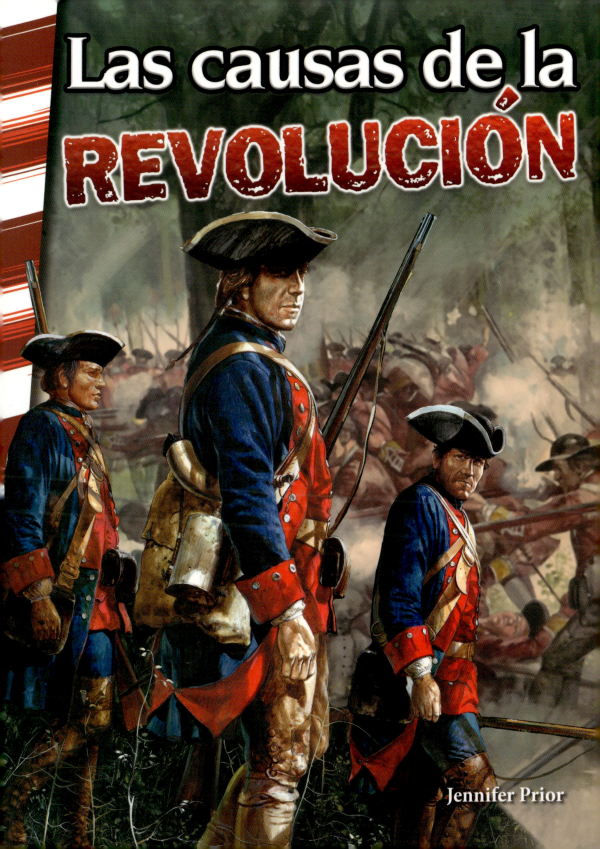

Las causas de la REVOLUCIÓN

Jennifer Prior

Las causas de la REVOLUCIÓN

Jennifer Prior, Ph.D.

Asesores

Katie Blomquist, Ed.S.
Escuelas Públicas del Condado de Fairfax

Nicholas Baker, Ed.D.
Supervisor de currículo e instrucción
Distrito Escolar Colonial, DE

Créditos de publicación

Rachelle Cracchiolo, M.S.Ed., *Editora comercial*
Conni Medina, M.A.Ed., *Redactora jefa*
Emily R. Smith, M.A.Ed., *Realizadora de la serie*
Diana Kenney, M.A.Ed., NBCT, *Directora de contenido*
Caroline Gasca, M.S.Ed., *Editora superior*
Johnson Nguyen, *Diseñador multimedia*
Lynette Ordoñez, *Editora*
Sam Morales, M.A., *Editor asociado*
Jill Malcolm, *Diseñadora gráfica básica*

Créditos de imágenes: portada y págs.1, 8–9 Gerry Embleton/North Wind Picture Archives; págs.2–3, 4–7, 10, 14–17, 19–20, 23–25, 27, 31; pág.5 LOC [g3300.ar012800]; pág.7 LOC [g3820.ct000361]; pág.9 Francis Vachon/Alamy; pág.10 LOC [rbpe.34604500]; págs.11, 22, 27 Wikimedia Commons/Dominio público; págs.12–13 LOC [LC-USZC4-10675]; pág.15 LOC [mc0027]; pág.15 Picture Collection, The New York Public Library, Astor, Lenox and Tilden Foundations; pág.18 New York Public Library Digital Collections; pág.19 World History Archive/Alamy; pág.20 LOC [DIG-ppmsca-15704]; pág.21 LOC [LC-USZ62-45586]; pág.22 AF Fotografie/Alamy; pág.26 cortesía de Architect of the Capitol; pág.29 Serial and Government Publications Division, LOC (029.00.00); contraportada de Journeys and Crossings, LOC; todas las demás imágenes cortesía de iStock y/o Shutterstock.

Library of Congress Cataloging-in-Publication Data
Names: Prior, Jennifer Overend, 1963- author.
Title: Las causas de la Revolución / Jennifer Prior, Ph.D.
Other titles: Reasons for a revolution. Spanish
Description: Huntington Beach : Teacher Created Materials, 2020. | Audience: Grade 4 to 6. | Summary: "From 1764 to 1775, tensions rose between the American colonies and Great Britain. The British government tried to control the colonists. They imposed taxes, and they sent troops to keep order. The colonists grew angry and frustrated. War was on the horizon"-- Provided by publisher.
Identifiers: LCCN 2019014762 (print) | LCCN 2019981336 (ebook) | ISBN 9780743913584 (paperback) | ISBN 9780743913591 (ebook)
Subjects: LCSH: United States--History--Revolution, 1775-1783--Causes--Juvenile literature.
Classification: LCC E210 .P7518 2020 (print) | LCC E210 (ebook) | DDC 973.3/11--dc23
LC record available at https://lccn.loc.gov/2019014762
LC ebook record available at https://lccn.loc.gov/2019981336

Teacher Created Materials

5301 Oceanus Drive
Huntington Beach, CA 92649-1030
www.tcmpub.com

ISBN 978-0-7439-1358-4

© 2020 Teacher Created Materials, Inc.
Printed in China
Nordica.102019.CA21901929

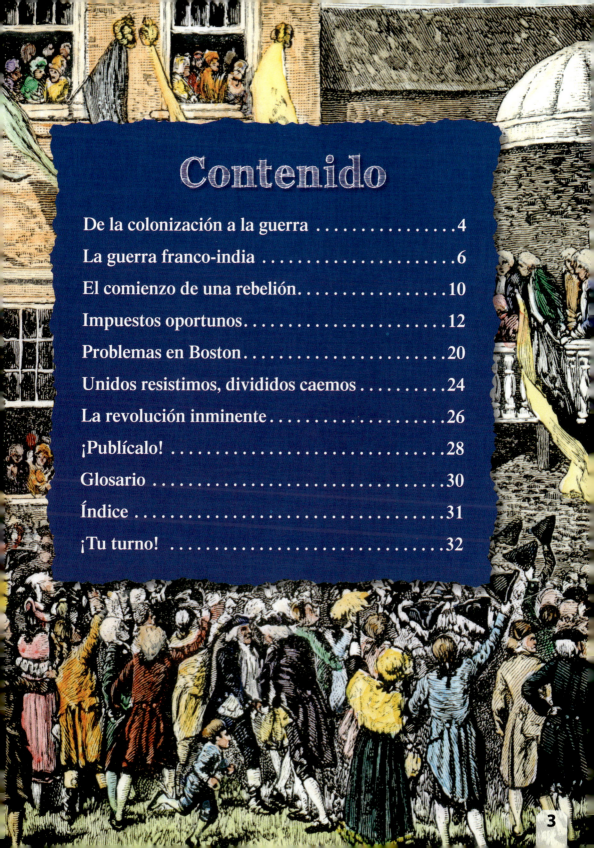

Contenido

De la colonización a la guerra 4
La guerra franco-india 6
El comienzo de una rebelión. 10
Impuestos oportunos. 12
Problemas en Boston. 20
Unidos resistimos, divididos caemos 24
La revolución inminente 26
¡Publícalo! 28
Glosario 30
Índice 31
¡Tu turno! 32

De la colonización a la guerra

En la costa este de América del Norte, los británicos sus colonias levantaron.
Fundaron pueblos, crearon granjas y la tierra trabajaron.
La vida fue difícil al comienzo, muchos no sobrevivieron;
Pero las cosas mejoraron cuando las colonias crecieron.

La comida abundaba y conocieron el bienestar.
Organizaron un gobierno para los desafíos afrontar.
Cultivaron tabaco, algodón, arroz, trigo y caña de azúcar también.
Criaron ovejas para lana, que es muy importante tener.

Pero no eran los únicos que buscaban una vida nueva,
Y a veces los encuentros provocaban discusiones y peleas.
Hubo problemas con los franceses y un conflicto comenzó;
Ninguno de los dos lados en sus demandas cedió.

Los indígenas intervinieron, y la mayoría se alió con Francia.
Parecía que para los colonos se acababa la bonanza.
Pronto el gobierno británico buscó proteger sus colonias;
La guerra estalló con Francia, y allí comienza nuestra historia.

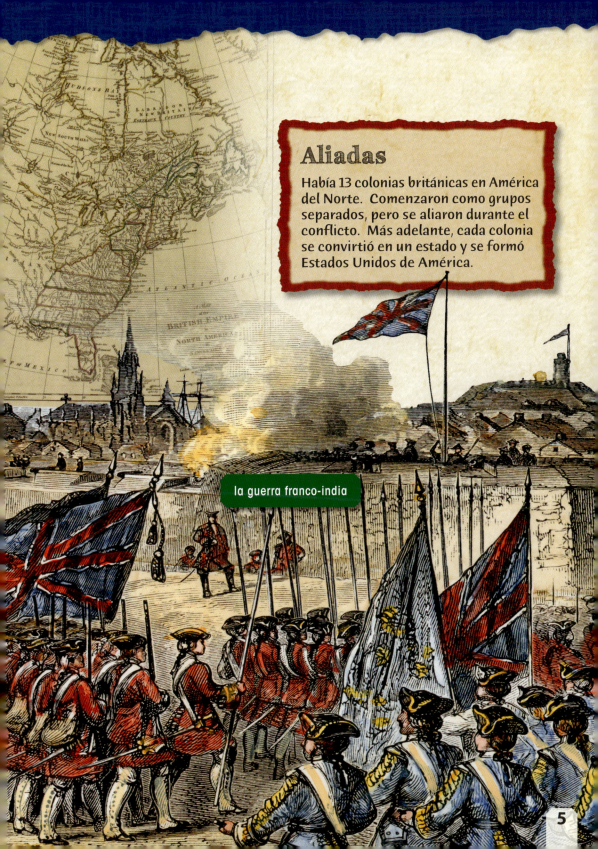

Aliadas

Había 13 colonias británicas en América del Norte. Comenzaron como grupos separados, pero se aliaron durante el conflicto. Más adelante, cada colonia se convirtió en un estado y se formó Estados Unidos de América.

la guerra franco-india

La guerra franco-india

Los colonos británicos no estaban solos cuando llegaron al Nuevo Mundo. También llegaron colonos franceses. Y además había indígenas. Ellos fueron los primeros habitantes de estas tierras. Vivían en el territorio desde mucho antes de que llegaran ambos grupos de colonos.

Al principio, los indígenas ayudaron a los colonos. Les enseñaron cómo plantar los cultivos. También compartieron su comida con ellos. Pero los dos grupos no siempre se llevaban bien. Los colonos ocuparon la tierra de los indígenas. La **tensión** empezó a aumentar.

Colonos atacan a indígenas mohawks.

mapa y notas de George Washington sobre el territorio del río Ohio

George Washington

En la década de 1750, los británicos y los franceses también empezaron a luchar por el territorio. Ambos lados sostenían que poseían tierras en el Territorio de Ohio. Un joven coronel llamado George Washington lideró a las tropas británicas en una batalla contra los franceses por el control de un fuerte. Pero Washington perdió la batalla. Los franceses reclamaron las tierras.

Ese fue el comienzo de la guerra franco-india. Fue parte de una guerra que se peleó en todo el mundo, llamada la guerra de los Siete Años. Muchos indígenas se aliaron con los franceses en la guerra. Algunos se aliaron con los británicos. Otros permanecieron neutrales. Escogieron bandos basándose en antiguas **alianzas**.

Finalmente, en 1763, la guerra terminó. Había durado nueve años. Los británicos ganaron. Francia se vio obligada a entregar a Gran Bretaña gran parte de sus tierras en América del Norte. España, que se había sumado a la guerra más tarde, también entregó tierras a los británicos. Los británicos pasaron a controlar territorios desde Canadá hasta la Florida.

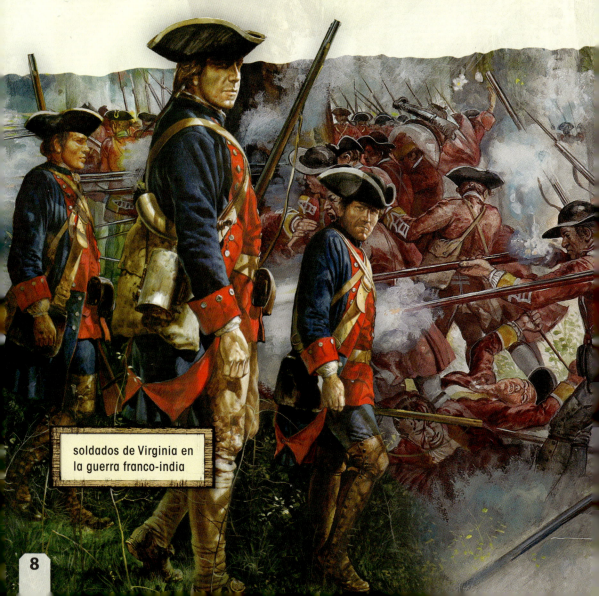

soldados de Virginia en la guerra franco-india

Pero las guerras cuestan dinero. Gran Bretaña había tenido que pedir dinero prestado a otros países para financiar la guerra. Eso duplicó su **deuda** nacional. El gobierno necesitaba encontrar una manera de devolver todo el dinero que había pedido prestado. Los británicos recurrieron a las colonias para hacerlo, porque la guerra se había peleado para proteger el territorio colonial.

Tratado de 1763

¿Qué tratado?

El **Tratado** de París de 1763 puso fin a la guerra franco-india. El Tratado de París de 1783 puso fin a la Revolución estadounidense. Es confuso, ¿no? Por esa razón, al primer tratado de París a menudo se le llama el Tratado de 1763.

Los franceses atacan a las fuerzas británicas.

El comienzo de una rebelión

Los colonos se consideraban a sí mismos ciudadanos británicos. Eran leales al rey. Pero las cosas empezaron a cambiar después de la guerra. Los sentimientos de los colonos con respecto a Gran Bretaña ya no eran los mismos. Pensaban que el rey no los podía gobernar bien desde tan lejos. También pensaban que los británicos los menospreciaban. Sentían que los trataban como a niños. Creían que estaban perdiendo sus **derechos** como ciudadanos británicos. No tenían a nadie que los representara en el gobierno británico. Sin embargo, tenían que pagar **impuestos**, ¡y eran un montón de impuestos!

> Los colonos se reúnen para comentar su frustración con los británicos.

Un grito de guerra

"Sin representación no hay impuestos" se convirtió en un eslogan popular en las décadas de 1750 y 1760. Resumía la queja principal de los colonos, y se transformó en su grito de guerra.

el rey Jorge III

El rey Jorge III pensaba que tenía derecho a cobrar impuestos a los colonos. También quería recordarles que él tenía el poder. Como Gran Bretaña tenía que pagar la deuda después de la guerra, el rey y el Parlamento aplicaron impuestos a los colonos. Los colonos debían afrontar un impuesto tras otro. Eso los hizo enojar. La tensión siguió aumentando. Una **rebelión** se asomaba en el horizonte.

El poder del Parlamento

El órgano de gobierno de Gran Bretaña se llama Parlamento. Es muy similar al Congreso de Estados Unidos. Los miembros del Parlamento se eligen por votación. Hacen leyes y se ocupan de asuntos como la salud pública, el empleo y el delito.

el Parlamento británico

11

Impuestos oportunos

Los impuestos tienen sus ventajas y sus desventajas. Pagan el sueldo de los empleados del gobierno. Financian servicios públicos y también a las fuerzas armadas. Pero los colonos pensaban que el rey no usaba el dinero de los impuestos para ayudarlos. Pensaban que solo era una cuestión de codicia.

Esta caricatura muestra al rey Jorge III recaudando dinero para pagar sus deudas.

La Ley del Azúcar

En 1764, Gran Bretaña aprobó la Ley del Azúcar. La ley aplicaba un impuesto al azúcar proveniente de cualquier país que no fuera Gran Bretaña. Eso hizo que el azúcar de otros lugares fuera más cara. Los colonos sintieron que era injusto.

Piensa en todos los usos del azúcar. Es un producto importante en la actualidad. Y también era importante para los colonos. Usaban el azúcar para hacer **melaza**. Después, la melaza se usaba para hacer una bebida llamada *ron*. Muchos países vendían azúcar y melaza a las colonias. Eso les daba a las colonias la posibilidad de elegir a quién comprarle.

Los británicos querían que las colonias les compraran el azúcar a ellos y a nadie más. Eso se llama **monopolio**. Un monopolio existe cuando un vendedor es el único que vende un producto. Todo el mundo tiene que comprarle a ese vendedor. La Ley del Azúcar dio a los británicos el monopolio del azúcar en las colonias. Actualmente, los monopolios injustos son ilegales.

La Ley del Timbre

Incluso después de la Ley del Azúcar, la deuda de Gran Bretaña seguía siendo enorme. Gran Bretaña necesitaba dinero desesperadamente, así que los impuestos continuaron. En 1765, Gran Bretaña aprobó la Ley del Timbre. La ley exigía que todo artículo impreso llevara un timbre, o sello. El timbre costaba dinero a los colonos. Un periódico, por ejemplo, tenía que tener un timbre. Las personas que compraban el periódico debían pagar más dinero por ese timbre. Ese dinero iba al gobierno británico.

Colonos protestan contra la Ley del Timbre.

Impuestos problemáticos

¿Por qué estaban tan enojados los colonos? Pensemos en el impuesto en dinero de hoy. Los colonos debían pagar el equivalente a $235 en impuestos por un diploma. Sí: ¡$235 solo por una hoja de papel!

Este periódico y esta caricatura de 1765 critican la Ley del Timbre.

No pagar por un timbre era considerado un delito. Se necesitaba un timbre para los testamentos y los **títulos de propiedad**. ¡Hasta se requería uno para los naipes! Muchos colonos estaban enojados. Los colonos querían que los impuestos fueran votados por sus propios representantes. Y querían que el dinero de los impuestos financiara a su gobierno local, no a Gran Bretaña.

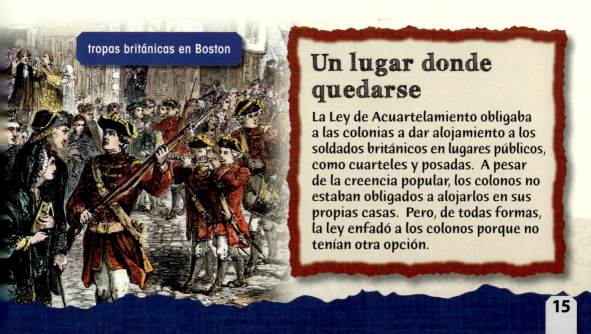

tropas británicas en Boston

Un lugar donde quedarse

La Ley de Acuartelamiento obligaba a las colonias a dar alojamiento a los soldados británicos en lugares públicos, como cuarteles y posadas. A pesar de la creencia popular, los colonos no estaban obligados a alojarlos en sus propias casas. Pero, de todas formas, la ley enfadó a los colonos porque no tenían otra opción.

Colonos protestan contra la Ley del Timbre en Nueva York.

Los colonos protestaron contra la Ley del Timbre. Algunos se negaron a pagar el costoso nuevo impuesto. Un abogado llamado Patrick Henry dijo que debían luchar contra la Ley del Timbre. Pensaba que los británicos no tenían derecho a cobrar impuestos a los colonos sin su consentimiento. Las ideas de Henry se difundieron en las colonias. Como resultado, representantes de nueve colonias formaron el Congreso de la Ley del Timbre. Le escribieron al rey británico diciéndole que lo apoyaban, pero que no aceptaban la Ley del Timbre.

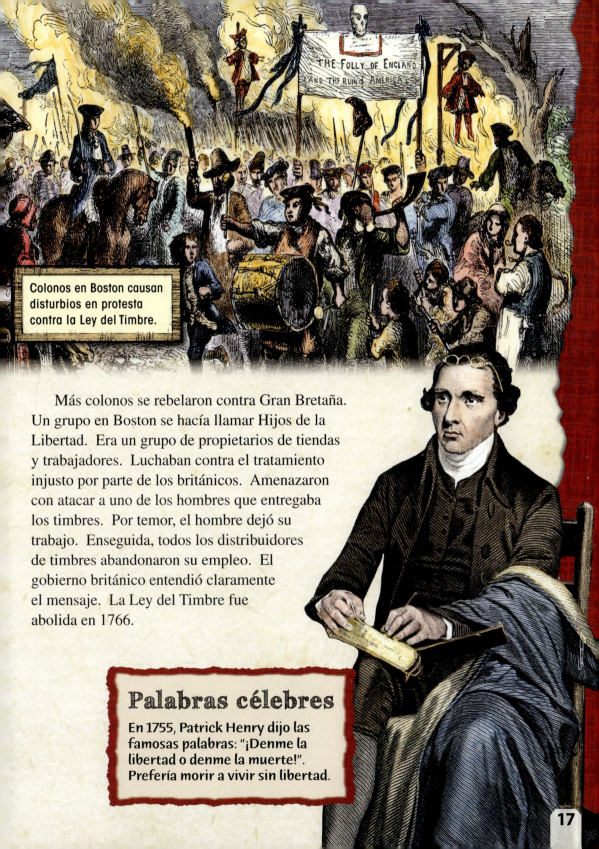

Colonos en Boston causan disturbios en protesta contra la Ley del Timbre.

Más colonos se rebelaron contra Gran Bretaña. Un grupo en Boston se hacía llamar Hijos de la Libertad. Era un grupo de propietarios de tiendas y trabajadores. Luchaban contra el tratamiento injusto por parte de los británicos. Amenazaron con atacar a uno de los hombres que entregaba los timbres. Por temor, el hombre dejó su trabajo. Enseguida, todos los distribuidores de timbres abandonaron su empleo. El gobierno británico entendió claramente el mensaje. La Ley del Timbre fue abolida en 1766.

Palabras célebres

En 1755, Patrick Henry dijo las famosas palabras: "¡Denme la libertad o denme la muerte!". Prefería morir a vivir sin libertad.

17

Las Leyes de Townshend

Las Leyes de Townshend fueron un conjunto de cuatro leyes aprobadas en 1767. Eran otra manera en que Gran Bretaña podía controlar a las colonias. Las leyes **imponían** impuestos a productos importados, como la pintura, el plomo, el vidrio, el papel y el té. Pero el té británico no tenía impuesto. Las leyes también castigaban a Nueva York por desobedecer la Ley de Acuartelamiento. Y les daban más poder a los funcionarios británicos para hacer cumplir la política de impuestos. Como con la Ley del Timbre, los colonos se enfadaron. Sentían que los británicos los **explotaban**.

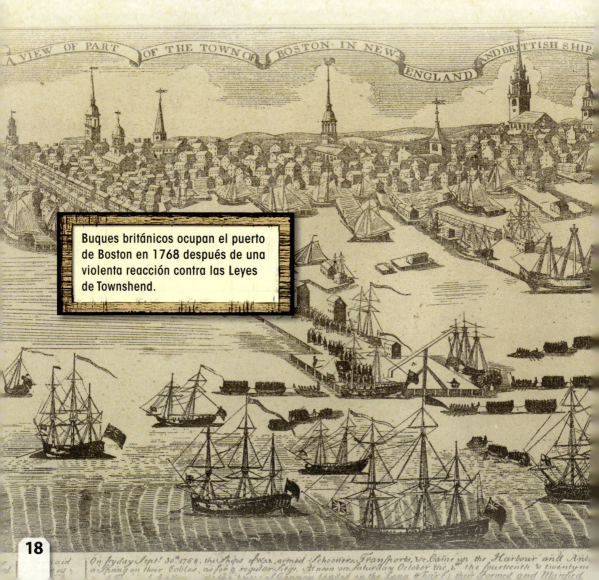

Buques británicos ocupan el puerto de Boston en 1768 después de una violenta reacción contra las Leyes de Townshend.

Samuel Adams era un colono que **se oponía** ferozmente a los impuestos británicos. Se manifestó públicamente contra los impuestos. Quería que la gente apoyara su posición. Decía que los impuestos les quitaban su libertad. Los colonos estuvieron de acuerdo. Decidieron reducir el uso de los productos con impuestos. Trataron de **boicotear**, o dejar de comprar, productos del exterior. Así, los británicos recaudarían menos dinero. Gran Bretaña no quería perder ese dinero, así que cancelaron los impuestos a la mayoría de los productos. Pero conservaron el impuesto al té. Esta **tregua** calmó el enojo de los colonos, aunque fue por poco tiempo.

Samuel Adams

Charles Townshend

¿Por qué Townshend?

Las Leyes de Townshend se llaman así por Charles Townshend. Townshend era el jefe del departamento del gobierno británico que estaba a cargo de recaudar los impuestos. Fue el creador del plan para aplicar impuestos a las colonias.

Problemas en Boston

Cuanto más se resistían los colonos, más intentaba controlarlos el gobierno británico. Más soldados británicos fueron enviados a vivir a Boston. Patrullaban las calles y vigilaban de cerca a los colonos. Los colonos estaban hartos.

retrato de Crispus Attucks en 1897

El primero en morir

Crispus Attucks fue uno de los hombres que murieron en la **Masacre** de Boston. No se sabe mucho de su vida. Pero es conocido porque fue el primero en morir durante la Revolución estadounidense.

Este diagrama de la Masacre de Boston se usó durante el juicio a los soldados británicos.

Un juicio justo

John Adams era un abogado famoso. Apoyaba la independencia estadounidense. Sin embargo, se ofreció a representar a los soldados británicos en el juicio. Adams creía que todo el mundo merecía un juicio justo. Más adelante, el derecho a un juicio justo se convirtió en uno de los derechos fundamentales incluidos en la Carta de Derechos.

20

El 5 de marzo de 1770, una muchedumbre atacó a un soldado. Le lanzaron bolas de nieve, piedras y palos. Otros soldados fueron enviados en su ayuda. La multitud enfurecida no retrocedió. Finalmente, los soldados británicos dispararon sus armas. Cinco hombres murieron. Otros seis fueron heridos. Los soldados fueron arrestados por asesinato y enviados a juicio. Dos de ellos fueron hallados culpables.

Samuel Adams escribió artículos periodísticos sobre el suceso. Otro colono llamado Paul Revere hizo dibujos sobre lo ocurrido. Querían despertar el interés del público: querían unir a los colonos contra el dominio británico. El suceso se hizo conocido como la Masacre de Boston.

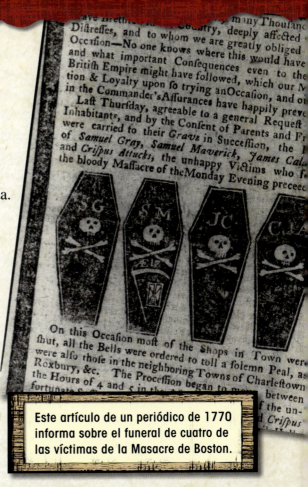

Este artículo de un periódico de 1770 informa sobre el funeral de cuatro de las víctimas de la Masacre de Boston.

un grabado de Paul Revere sobre la Masacre de Boston

En 1773, a la Compañía Británica de las Indias Orientales no le estaba yendo nada bien. Esa compañía vendía té y otros productos. Gran Bretaña temía que se viera obligada a cerrar. Si eso pasaba, para los británicos sería muy difícil conseguir té. Entonces, Gran Bretaña aprobó la Ley del Té.

La Ley del Té permitía a la Compañía Británica de las Indias Orientales vender té a las colonias por menos dinero que otras compañías. Eso creó un monopolio británico sobre el té. Los colonos estaban furiosos. En muchos puertos, amenazaron a los capitanes de los barcos y los obligaron a regresar. Pero tres barcos llegaron a Boston y se negaron a irse.

Esta ilustración muestra a un colono leyendo sobre la Ley del Té.

Este es el escudo, o símbolo, de la Compañía Británica de las Indias Orientales.

Los Hijos de la Libertad arrojan cajas de té al agua en el puerto de Boston.

Los Hijos de la Libertad se resistieron. Organizaron el Motín del Té de Boston. En medio de la noche, unos 60 hombres se colaron en los barcos de la compañía en el puerto de Boston. Se vistieron como indígenas mohawks para ocultar su identidad. Una vez a bordo, arrojaron las cajas de té al agua. No dañaron los barcos ni lastimaron a nadie. Pero les mandaron un claro mensaje a los británicos con la destrucción de 45 toneladas de té.

Patriotas echan de la ciudad a uno de los leales.

Patriotas y *tories*

Los patriotas eran colonos que querían la independencia de Gran Bretaña. Los *tories*, o leales, eran colonos leales al rey.

Unidos resistimos, divididos caemos

Después del Motín del Té de Boston, Gran Bretaña estaba indignada. El Parlamento aprobó las Leyes Coercitivas para castigar a Boston. Pero los colonos las llamaron las Leyes **Intolerables**.

Una de las leyes clausuraba el puerto de Boston. Debía permanecer cerrado hasta que se pagaran los daños del Motín del Té. No se permitía a ningún barco llevar productos a la ciudad. Otra ley prohibía las asambleas municipales en Massachusetts. También establecía un gobierno militar. La tercera ley prohibía que los soldados fueran juzgados por delitos en Massachusetts. Debían ser enviados a Gran Bretaña o a otra colonia para ser juzgados. La cuarta ley era similar a la Ley de Acuartelamiento, que había expirado hacía unos años.

Esta ley cerraba el puerto de Boston.

notas de una asamblea municipal en Boston después de que el puerto se cerró en 1774

Las leyes eran un intento de Gran Bretaña de dividir a las colonias y recuperar el control. El Parlamento estaba tratando de aislar a Massachusetts de las demás colonias. Pero el intento tuvo el efecto contrario. Las otras colonias salieron al rescate. Mandaron provisiones. Se mantuvieron juntas y se unieron contra Gran Bretaña.

Milicias poderosas

La gente estaba preparada para pelear, pero las colonias no tenían un ejército. Entonces, formaron milicias. Una milicia es un grupo de ciudadanos entrenados como soldados. No pertenecen a las fuerzas armadas. Pero están dispuestos a pelear por lo que consideran correcto.

Un miembro de una milicia colonial se va de su casa para ir a luchar.

La revolución inminente

El rey Jorge estaba harto. Dijo que los colonos eran **traidores**. Le pidió al Parlamento que enviara tropas para combatirlos. Los colonos estaban sorprendidos. Se habían opuesto a los impuestos y las restricciones del Parlamento, pero habían sido leales a su rey. El Congreso Continental había dado su total apoyo al rey. Pero ahora, el Congreso decidió que era el momento de declarar la independencia.

Los Padres Fundadores

El Congreso Continental era un grupo de representantes de las 13 colonias. A veces, a estos hombres se les llama Padres Fundadores. Ellos aprobaron la Declaración de Independencia el 4 de julio de 1776.

Esta copia de la Declaración de Independencia fue publicada en un periódico estadounidense al poco tiempo de su firma.

Thomas Jefferson le escribió una carta el rey para informarle sobre el plan. Conocemos esa carta como la Declaración de Independencia. En ella, Jefferson escribió sobre los derechos del pueblo. Decía que las personas debían recibir un trato igualitario. Afirmaba que era tarea del gobierno proteger ese derecho. La carta continuaba con una lista de todo lo que el rey había hecho mal y cómo había privado al pueblo de sus derechos. Jefferson escribió sobre la libertad y la independencia. Declaró que los colonos ya no eran leales al rey. Estaban formando su propio país.

La tensión aumentó como nunca en las colonias. Era el momento de una revolución.

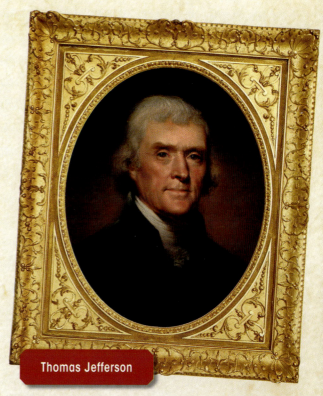

Thomas Jefferson

Una multitud de colonos celebran mientras se lee en voz alta la Declaración de Independencia en Filadelfia, el 4 de julio de 1776.

¡Publícalo!

Los colonos leían periódicos para enterarse de las noticias. Las noticias también podían leerse en carteles que había por toda la ciudad.

Actualmente, muchas personas reciben sus noticias a través de las redes sociales. Imagina que eres un colono. Escribe una publicación para las redes sociales acerca de los impuestos a los colonos. ¿Sobre qué tratan? ¿Estás de acuerdo con ellos? ¿Qué piensas del gobierno británico? ¿Qué deberían hacer los colonos?

Glosario

alianzas: relaciones en las que las personas se ponen de acuerdo para trabajar juntas

boicotear: dejar de comprar, usar o participar en algo como forma de protesta

derechos: cosas que se debe permitir hacer o tener a las personas

deuda: una cantidad de dinero que se debe a alguien

explotaban: usaban a alguien injustamente para beneficio propio

imponían: obligaban a alguien a aceptar algo

impuestos: el dinero que las personas están obligadas a pagar al gobierno

intolerables: demasiado severas o crueles para ser aceptadas

masacre: el asesinato violento de muchas personas

melaza: un jarabe dulce y espeso hecho con azúcar

monopolio: el control total del suministro de un bien o de un servicio por parte de una compañía o una persona

rebelión: el intento de muchas personas de cambiar el gobierno o el líder de un país mediante protestas o violencia

se oponía: estaba en desacuerdo con algo o con alguien

tensión: el estado en el que grupos de personas o países no se ponen de acuerdo y sienten enojo hacia el otro

títulos de propiedad: documentos legales que demuestran quién es el dueño de un edificio o un terreno

traidores: personas que ayudan a un enemigo de su propio país

tratado: un acuerdo oficial entre dos o más países o grupos

tregua: un acuerdo entre enemigos para dejar de luchar durante un tiempo

Índice

Adams, John, 20

Adams, Samuel, 19, 21

Attucks, Crispus, 20

Compañía Británica de las Indias Orientales, 22

Congreso Continental, 26

Declaración de Independencia, 26–27

España, 8

Francia, 4, 8

guerra franco-india, 5–6, 8–9

Henry, Patrick, 16–17

Hijos de la Libertad, 17, 23

indígenas, 4, 6, 8

Jefferson, Thomas, 27

Ley de Acuartelamiento, 15, 18, 24

Ley del Azúcar, 13–14

Ley del Té, 22

Ley del Timbre, 14–18

Leyes de Townshend, 18–19

Leyes Intolerables, 24

Masacre de Boston, 20–21, 32

Motín del Té de Boston, 23–24

Revere, Paul, 21, 32

Revolución estadounidense, 9, 20

rey Jorge III, 11–12, 26–27

Townshend, Charles, 19

Washington, George, 7

¡Tu turno!

Revere, el patriota

Paul Revere era un patriota. Y también era un artista. Después de la Masacre de Boston, Revere hizo este grabado. ¿De qué manera muestra esta imagen las opiniones patriotas de Revere? ¿Cómo crees que reaccionó el público cuando vio el grabado? ¿Crees que muestra con exactitud lo que pasó? Explícalo. Usa notas adhesivas para describir la parcialidad en esta imagen.